Índice

Introducción: ¿Por qué crear un negocio online?

En la era digital en la que vivimos, el emprendimiento en línea se ha convertido en una de las formas más populares de crear un negocio. La posibilidad de trabajar desde cualquier lugar, tener un mercado potencial global y una inversión inicial reducida han hecho que muchas personas opten por crear un negocio en línea.

Sin embargo, el proceso de construir un negocio online desde cero puede resultar abrumador para muchos emprendedores. ¿Cómo saber si tu idea es viable? ¿Cómo construir una presencia en línea efectiva? ¿Cómo monetizar tu sitio web?

Este ebook te guiará en cada paso del proceso para crear un negocio en línea exitoso. Desde la definición de tu idea de negocio hasta la estrategia de marketing digital y la monetización de tu sitio web, encontrarás toda la información necesaria para construir un negocio en línea efectivo.

Con "Construye tu negocio online desde cero: la guía completa", estarás equipado con las herramientas y conocimientos necesarios para emprender en el mundo digital y tener éxito en tu aventura empresarial.

¡Empecemos!

Paso 1: Definir tu idea de negocio

El primer paso para construir un negocio en línea exitoso es **definir tu idea de negocio.** Si ya tienes una idea clara en mente, es importante analizarla detalladamente antes de seguir adelante. Si aún no tienes una idea clara, este paso te ayudará a identificar una oportunidad de negocio.

Antes de comenzar a desarrollar tu sitio web, **es importante que realices una investigación de mercado** para comprender quiénes son tus clientes potenciales, qué necesidades tienen y cómo puedes satisfacerlas de manera efectiva. Además, es importante que analices a tu competencia para identificar cómo puedes destacar entre ellos.

En esta sección, te guiaremos a través de los **pasos necesarios para definir tu idea de negocio de manera efectiva, identificar tu nicho de mercado y definir tu propuesta de valor.** Una vez que hayas completado esta sección, tendrás una idea clara de lo que quieres hacer y cómo vas a diferenciarte en el mercado en línea.

Identificar tu nicho de mercado

Identificar tu nicho de mercado es un paso crucial en la creación de un negocio en línea exitoso. Se trata de **encontrar un grupo específico de clientes** que necesiten lo que ofreces y están dispuestos a pagar por ello. En esta sección, exploraremos cómo identificar tu nicho de mercado de manera efectiva.

En primer lugar, es importante que **definas quién es tu cliente ideal.** Debes conocer sus características demográficas, sus necesidades y deseos. Esto te permitirá enfocar tus esfuerzos de marketing en un grupo específico y ofrecer soluciones que realmente les interesen.

Existen muchas formas de identificar tu nicho de mercado, pero aquí te proporcionamos algunas herramientas para ayudarte:

- **Google Trends**: te permitirá conocer las tendencias de búsqueda y popularidad de palabras clave relacionadas con tu nicho de mercado.

- **Google Adwords**: es una herramienta que te permitirá conocer el volumen de búsquedas de tus palabras clave y el costo de publicidad para ellas.

- **Encuestas**: te permitirán obtener información directamente de tus clientes potenciales. Puedes realizar encuestas en línea y fuera de línea para obtener información valiosa sobre sus necesidades y preferencias.

Una vez que hayas definido tu nicho de mercado, es importante que te enfoques en **ofrecer soluciones que realmente satisfagan sus necesidades.** En las próximas secciones, te guiaremos a través de los pasos necesarios para desarrollar una oferta atractiva y efectiva para tu nicho de mercado.

¡Manos a la obra!

Analizar a la competencia

Una vez que has identificado tu nicho de mercado, **es importante que analices a tus competidores** para conocer su oferta, sus precios y su estrategia de marketing. Esto te permitirá desarrollar una oferta más efectiva y diferenciarte de ellos.

Aquí te presentamos algunas herramientas para investigar a tu competencia:

- **SEMRush**: es una herramienta de pago que te permite analizar las palabras clave y la posición en los motores de búsqueda de tu competencia, así como su estrategia de publicidad en línea.

- **Google Alerts**: es una herramienta gratuita que te permite configurar alertas para recibir notificaciones sobre las menciones de tu competencia en línea. De esta forma, podrás conocer las noticias y novedades relacionadas con ellos.

- **Redes sociales**: sigue a tus competidores en las redes sociales para conocer su estrategia de contenido y su interacción con los clientes.

Una vez que hayas analizado a tu competencia, podrás **detectar sus fortalezas y debilidades y desarrollar una oferta más efectiva** para tu nicho de mercado. En las próximas secciones, te guiaremos a través de los pasos necesarios para crear una oferta diferenciada y efectiva. ¡Sigue adelante!

Definir tu propuesta de valor

En esta sección, vamos a hablar sobre **cómo definir tu propuesta de valor**. Después de identificar tu nicho de mercado y comprender las necesidades de tus clientes potenciales, es importante que tengas clara cuál es tu propuesta de valor. Esto se trata de la promesa única que le haces a tus clientes y cómo les vas a resolver su problema o satisfacer su necesidad mejor que cualquier otra opción en el mercado.

Para definir tu propuesta de valor, debes tener en cuenta lo **que te hace único y diferente a otros negocios en tu nicho.** ¿Qué habilidades, recursos o conocimientos tienes que te permiten ofrecer algo único? ¿Qué aspectos de tu negocio o marca te diferencian de la competencia? Una vez que hayas identificado tus fortalezas únicas, piensa en cómo puedes utilizarlas para ofrecer una solución atractiva y efectiva para tus clientes.

Aquí te dejamos algunas herramientas para ayudarte a definir tu propuesta de valor:

1. **Mapa de valor:** Esta herramienta te permite visualizar cómo tu producto o servicio resuelve las necesidades de tus clientes y cómo se compara con la competencia en términos de precio y calidad.

2. **Análisis FODA:** Un análisis FODA te permite identificar tus fortalezas, debilidades, oportunidades y amenazas, y cómo puedes utilizar estos factores para definir tu propuesta de valor.

3. **Mapa de empatía:** Esta herramienta te ayuda a comprender mejor a tus clientes potenciales y sus necesidades, lo que te permitirá definir una propuesta de valor que les resulte atractiva.

Recuerda que tu propuesta de valor es esencial para el éxito de tu negocio en línea. Es lo que te diferenciará de la competencia y te permitirá atraer y retener a tus clientes potenciales. **Tómate el tiempo necesario para definirla** adecuadamente y asegúrate de que se ajuste a las necesidades de tu público objetivo.

Paso 2: Establecer una presencia en línea

La presencia en línea es fundamental para cualquier negocio en la actualidad. En esta sección, **vamos a ver los tres aspectos principales que debes tener en cuenta** para establecer una sólida presencia en línea: la elección del nombre de dominio, el registro del nombre de dominio y la selección de un proveedor de alojamiento web.

La elección del nombre de dominio es crucial para el éxito de tu negocio en línea. Tu nombre de dominio es tu identidad en línea, y debe ser memorable, fácil de recordar y reflejar la marca de tu negocio. Además, tu nombre de dominio debe ser único, ya que será utilizado en todas tus comunicaciones y publicidad en línea. En esta sección, te mostraremos cómo elegir un nombre de dominio que te ayudará a destacar entre la competencia.

Una vez que hayas elegido tu nombre de dominio, **es importante que lo registres**. El registro de tu nombre de dominio es esencial para proteger tu marca y asegurarte de que nadie más pueda usarlo. En esta sección, te mostraremos cómo registrar tu nombre de dominio y los pasos que debes seguir para asegurarte de que esté protegido.

Por último, **la selección de un proveedor de alojamiento web es vital** para garantizar que tu sitio web esté siempre en línea y sea accesible para tus clientes. Hay muchos proveedores de alojamiento web disponibles, y cada uno ofrece diferentes características y precios. En esta sección, te ayudaremos a elegir el proveedor de alojamiento web adecuado para tu negocio y a entender las diferentes opciones disponibles.

¡Con estos tres aspectos en cuenta, estarás bien encaminado para establecer una sólida presencia en línea para tu negocio!

Elección del nombre de dominio

Elegir el nombre de dominio adecuado es fundamental para el éxito de tu negocio online. Es la dirección que tus clientes utilizarán para encontrar tu sitio web y es la primera impresión que tendrán de tu marca. Por lo tanto, es importante tomarse el tiempo necesario para **elegir un nombre de dominio que sea memorable, fácil de recordar y que represente a tu negocio.**

A la hora de escoger el nombre de dominio, es recomendable utilizar palabras clave relacionadas con tu negocio. Por ejemplo, si vendes productos de belleza, incluye palabras como "belleza", "cosmética" o "maquillaje" en tu nombre de dominio. También puedes optar por utilizar tu nombre de marca o el nombre de tu empresa si ya eres reconocido en el mercado.

Otra buena práctica es mantenerlo corto y sencillo. Un nombre de dominio fácil de recordar y de escribir es mucho más efectivo que uno complejo y difícil de recordar. Además, evita el uso de números, guiones o caracteres especiales ya que puede dificultar la escritura del nombre de dominio.

Para elegir tu nombre de dominio, existen varias herramientas que pueden ayudarte en el proceso. Por ejemplo, **Google Keyword Planner** te permite buscar palabras clave relevantes para tu negocio y ver su volumen de búsquedas mensuales. También puedes utilizar herramientas como **Domain Wheel** o **Lean Domain Search** para obtener sugerencias de nombres de dominio relacionados con tu negocio.

Recuerda que tu nombre de dominio es la primera impresión que tendrán tus clientes de tu marca, por lo que es importante tomarse el tiempo necesario para elegirlo correctamente.

Registro del nombre de dominio

El registro del nombre de dominio es un paso crucial para establecer una presencia en línea. Una vez que hayas elegido un nombre de dominio adecuado para tu negocio, es importante registrar ese nombre para asegurarte de que nadie más lo utilice. A continuación, te explicamos cómo hacerlo.

El primer paso es elegir un registrador de nombres de dominio. Hay muchos proveedores disponibles, pero es importante elegir uno confiable y con una buena reputación. Algunos de los registradores de dominios más populares incluyen **GoDaddy, Namecheap y Bluehost.**

Una vez que hayas elegido un registrador, deberás **verificar que el nombre de dominio que deseas esté disponible.** Normalmente, podrás hacerlo en el sitio web del registrador. Si el nombre de dominio está disponible, sigue las instrucciones del registrador para completar el proceso de registro. Es posible que debas proporcionar información sobre tu negocio y tus datos de contacto, así como realizar el pago correspondiente.

Después de completar el registro, recibirás una confirmación por correo electrónico. Es importante guardar esta confirmación, ya que contiene información importante sobre tu registro de dominio. Si tienes algún problema o pregunta durante el proceso de registro, no dudes en contactar al servicio de atención al cliente de tu registrador de nombres de dominio.

Recuerda que una vez que hayas registrado tu nombre de dominio, **tendrás que renovarlo cada cierto tiempo.** La mayoría de los registradores de nombres de dominio ofrecen planes de renovación anuales.

En cuanto a las herramientas, el registrador que elijas te proporcionará las herramientas necesarias para hacer el registro de tu dominio. También puedes utilizar herramientas de búsqueda de nombres de dominio para encontrar un nombre que se adapte a tu negocio y esté disponible para su registro. Algunas de estas herramientas incluyen **NameMesh**, **DomainWheel** y **Nameboy**.

Selección de un proveedor de alojamiento web

La selección del proveedor de alojamiento web es una decisión importante ya que afectará el rendimiento de tu sitio web, la seguridad y el soporte técnico que recibirás en caso de problemas. Al elegir un proveedor, es importante **considerar factores como la fiabilidad, el rendimiento, la seguridad, la escalabilidad y el soporte técnico.** Hay muchas opciones disponibles en el mercado, pero algunas de las más populares son:

1. **SiteGround:** Es un proveedor de alojamiento web reconocido por su velocidad y fiabilidad. Ofrecen planes de alojamiento compartido, VPS y dedicados con una variedad de funciones y precios atractivos.

2. **Bluehost:** Es uno de los proveedores de alojamiento web más populares y recomendados por WordPress.org. Ofrecen planes de alojamiento compartido, VPS y dedicados, y también tienen una amplia gama de herramientas para ayudarte a crear y administrar tu sitio web.

3. **HostGator:** Ofrece planes de alojamiento compartido, VPS y dedicados con una variedad de opciones de precios. También ofrecen una garantía de devolución de dinero de 45 días y soporte técnico 24/7.

En última instancia, la elección del proveedor de alojamiento web **dependerá de tus necesidades y presupuesto específicos,** así como de tu nivel de experiencia en la administración de un sitio web.

Paso 3: Diseño y desarrollo del sitio web

En el mundo de hoy, una presencia en línea es crucial para cualquier negocio. No importa si estás iniciando un nuevo proyecto o si ya tienes un negocio existente, una presencia en línea es necesaria para llegar a una audiencia global y expandir tus horizontes. Pero, ¿cómo comienzas a construir tu presencia en línea? **El primer paso es diseñar y desarrollar tu sitio web.**

El diseño y desarrollo de un sitio web puede parecer una tarea abrumadora, pero con la ayuda de las herramientas adecuadas y un enfoque estratégico, puedes crear un sitio web efectivo y atractivo que atraiga a tu audiencia y los mantenga comprometidos. En esta sección, cubriremos los aspectos clave que necesitas considerar al diseñar y desarrollar tu sitio web.

En primer lugar, **es importante entender la importancia de tener un diseño web atractivo.** Tu sitio web es la cara de tu negocio en línea y la primera impresión que la mayoría de los visitantes tendrán de ti. Un diseño atractivo y profesional puede marcar la diferencia entre un visitante que se convierte en un cliente y uno que se aleja.

Además del diseño, es importante tener en cuenta **la funcionalidad de tu sitio web.** Un sitio web bien diseñado debe ser fácil de navegar, con una estructura clara y coherente y un contenido relevante y de alta calidad que atraiga a tu audiencia. También es importante asegurarse de que tu sitio web sea rápido y esté optimizado para los motores de búsqueda.

Otro aspecto clave del diseño y desarrollo de tu sitio web es la **elección de la plataforma adecuada.** Hay muchas opciones de plataformas de sitios web disponibles, desde sistemas de gestión de contenidos (CMS) como **WordPress** hasta creadores de sitios web como **Wix** o **Squarespace**. Es importante evaluar las diferentes opciones y elegir la plataforma que mejor se adapte a tus necesidades y habilidades.

Por último, pero no menos importante, es crucial **asegurarse de que tu sitio web sea responsive y se adapte a diferentes tamaños de pantalla.** Con un gran número de personas navegando en línea a través de sus dispositivos móviles, es fundamental asegurarse de que tu sitio web se vea bien en todos los dispositivos, desde teléfonos móviles hasta tabletas y computadoras de escritorio.

En resumen, diseñar y desarrollar un sitio web efectivo puede parecer un proceso complicado, pero con la estrategia adecuada y las herramientas adecuadas, **es posible crear un sitio web que atraiga a tu audiencia y haga crecer tu negocio en línea.** En las próximas secciones, nos adentraremos en detalles sobre cómo abordar cada aspecto del diseño y desarrollo del sitio web.

Elección de la plataforma de creación del sitio web

Elegir la plataforma de creación del sitio web es uno de los pasos más importantes en el proceso de diseño y desarrollo de un sitio web. Hay muchas plataformas disponibles, cada una con sus propias características y funcionalidades, por lo que **es importante elegir la que mejor se adapte a tus necesidades y habilidades técnicas.**

Una de las opciones más populares es **WordPress**, una plataforma de gestión de contenido que es gratuita, fácil de usar y personalizable. Ofrece una amplia variedad de plantillas y complementos que pueden ayudarte a crear un sitio web profesional sin tener conocimientos técnicos avanzados.

Otra opción es utilizar una plataforma de creación de sitios web como **Wix** o **Squarespace**, que ofrecen una interfaz intuitiva de arrastrar y soltar y una amplia selección de plantillas de diseño. Estas plataformas suelen ser más fáciles de usar que WordPress, pero a menudo tienen menos flexibilidad en cuanto a personalización.

También puedes optar por **crear tu sitio web desde cero utilizando HTML, CSS y JavaScript.** Si bien esto puede ser más complicado, te da un control completo sobre el diseño y la funcionalidad de tu sitio web.

En definitiva, la elección de la plataforma dependerá en gran medida de tus necesidades y habilidades técnicas. Es importante investigar cada plataforma y probar varias antes de decidir cuál utilizar para tu sitio web.

10

Diseño y estructura del sitio web

En esta sección hablaremos sobre el diseño y estructura del sitio web, lo cual es un aspecto crucial para lograr una buena experiencia de usuario. **Tener un sitio web atractivo y bien organizado** puede marcar la diferencia entre una página que atraiga a los visitantes y una que los aleje.

Para empezar, es importante tener en cuenta que existen **diversas herramientas y recursos** para ayudarte en la tarea de diseñar y estructurar tu sitio web. Algunas de las más populares son:

1. **Wireframes**: son esquemas o bocetos que permiten visualizar la estructura y disposición de los elementos en el sitio web. Son una buena forma de planificar y organizar el contenido antes de comenzar a diseñar.

2. **Mockups**: son representaciones gráficas del diseño final de la página web. Permiten visualizar cómo se verá el sitio web antes de comenzar a trabajar en su programación.

3. **Paletas de colores**: las combinaciones de colores adecuadas son esenciales para un diseño web atractivo. Hay herramientas en línea que permiten crear paletas de colores armoniosas y bien combinadas.

4. **Tipografía**: la tipografía también es importante en el diseño web, ya que puede ayudar a transmitir el tono y la personalidad de la marca. Hay varias herramientas en línea que permiten encontrar la fuente perfecta para tu sitio web.

5. **Herramientas de diseño gráfico**: programas de diseño gráfico como Photoshop, Illustrator o Sketch son muy útiles para crear diseños personalizados y elementos gráficos para el sitio web.

6. **Herramientas de prototipado**: los prototipos son maquetas interactivas que permiten probar y experimentar con el diseño del sitio web antes de su lanzamiento. Hay muchas herramientas en línea que facilitan la creación de prototipos.

11

Una vez que se ha seleccionado las herramientas necesarias para el diseño y la estructura del sitio web, es importante **tener en cuenta ciertos principios de diseño web**, tales como:

1. **Simplicidad**: un diseño simple y limpio es más atractivo y fácil de usar que uno sobrecargado de elementos.

2. **Jerarquía visual**: el contenido más importante debe destacar visualmente, mientras que el contenido secundario debe estar en un segundo plano.

3. **Consistencia**: el diseño y la estructura del sitio web deben ser coherentes en todas las páginas para lograr una buena experiencia de usuario.

4. **Usabilidad**: el sitio web debe ser fácil de usar y navegar, con una estructura clara y bien organizada.

Teniendo en cuenta estos principios y herramientas, podrás **diseñar un sitio web atractivo y funcional** que atraiga a los visitantes y les proporcione una experiencia de usuario positiva.

Desarrollo de contenido

Una vez que hayas elegido la plataforma y estructura de tu sitio web, es hora de llenarla con **contenido atractivo y valioso para tus visitantes.** El contenido es lo que mantendrá a tus visitantes interesados y volverán a visitar tu sitio web en el futuro.

La creación de contenido de calidad puede ser un desafío, pero existen muchas herramientas y estrategias que pueden ayudarte a desarrollar contenido atractivo y de alta calidad. Aquí hay **algunas herramientas y estrategias útiles** que puedes utilizar:

1. **Investigación de palabras clave:** Antes de comenzar a escribir, es importante investigar las palabras clave que las personas utilizan para buscar temas relacionados con tu nicho. Esto te ayudará a optimizar tu contenido para los motores de búsqueda y atraer a más visitantes a tu sitio web. Algunas herramientas útiles para la investigación de palabras clave son Google Keyword Planner, SEMrush y Ahrefs.

12

2. **Creación de títulos atractivos:** El título es lo primero que los visitantes verán en tu contenido, por lo que es importante crear títulos atractivos y relevantes. Algunas herramientas útiles para crear títulos efectivos incluyen el generador de títulos de blog de HubSpot y el generador de títulos de CoSchedule.

3. **Creación de contenido visual:** Los visitantes de tu sitio web pueden estar más interesados en contenido visual como imágenes y videos. Para crear contenido visual de alta calidad, puedes utilizar herramientas como Canva, Adobe Spark y Animoto.

4. **Optimización de contenido:** Es importante optimizar tu contenido para los motores de búsqueda y asegurarse de que se cargue rápidamente en tu sitio web. Puedes utilizar herramientas como Yoast SEO y Google PageSpeed Insights para optimizar tu contenido y asegurarte de que se carga rápidamente.

5. **Generación de ideas de contenido:** A veces puede ser difícil generar ideas para contenido nuevo y fresco. Algunas herramientas útiles para la generación de ideas de contenido incluyen Buzzsumo y Google Trends.

6. **Creación de contenido en equipo:** Si tienes un equipo de personas que trabajan en tu sitio web, puede ser útil utilizar herramientas de colaboración como Google Docs o Trello para colaborar en la creación de contenido.

Con estas herramientas y estrategias, puedes crear contenido atractivo y valioso para tu sitio web que atraiga a más visitantes y los mantenga interesados en tu marca.

Marketing de contenidos

El marketing de contenidos es una estrategia de marketing digital que se enfoca en crear y distribuir contenido relevante y valioso para atraer y retener a un público objetivo claramente definido. **El objetivo principal del marketing de contenidos es construir una relación con los clientes potenciales** a través de la creación y difusión de contenido informativo, educativo o entretenido que responda a sus necesidades e intereses.

La creación de contenido de calidad es fundamental para el éxito del marketing de contenidos. **El contenido debe ser atractivo, relevante y de alta calidad** para captar la atención de los clientes potenciales y mantener su interés. El contenido puede ser presentado en diferentes formatos, como blogs, videos, infografías, podcasts, redes sociales y otros medios digitales.

El marketing de contenidos tiene muchos beneficios para las empresas. En primer lugar, ayuda a **establecer la marca como un líder de pensamiento en su sector** al proporcionar contenido valioso y relevante que responde a las necesidades y preocupaciones de los clientes. También ayuda a aumentar la visibilidad de la marca al mejorar el SEO (Search Engine Optimization) y atraer tráfico a través de la difusión del contenido en diferentes plataformas y canales.

Además, el marketing de contenidos ayuda a crear una relación de confianza con los clientes al ofrecerles contenido valioso y útil que les ayuda a resolver problemas o mejorar su vida de alguna manera. Esto, a su vez, **ayuda a aumentar la lealtad del cliente y el compromiso con la marca.**

Para implementar una estrategia efectiva de marketing de contenidos, es importante seguir algunos pasos clave. En primer lugar, **es importante definir claramente el público objetivo y sus necesidades e intereses.** Luego, se deben identificar las palabras clave relevantes y los temas que el público está buscando en línea.

A continuación, se debe crear una estrategia de contenido que incluya el tipo de contenido, el formato, la frecuencia de publicación y el calendario de contenido. **El contenido debe ser relevante, útil y atractivo para el público objetivo,** y se debe utilizar una variedad de formatos para mantener el interés.

También es importante promocionar el contenido a través de diferentes canales y plataformas, como redes sociales, correo electrónico y publicidad en línea, para aumentar la visibilidad y el alcance. Finalmente, **es importante analizar y medir los**

resultados de la estrategia de marketing de contenidos para hacer ajustes y mejoras continuas.

En resumen, el marketing de contenidos es una estrategia efectiva de marketing digital que ayuda a establecer la marca como un líder de pensamiento en su sector y atraer y retener a los clientes potenciales. Al seguir algunos pasos clave y crear contenido valioso y relevante, las empresas pueden **aumentar la visibilidad, la lealtad y el compromiso del cliente,** y mejorar su éxito en línea.

Paso 4: Desarrollo de la estrategia de marketing digital

El desarrollo de una estrategia de marketing digital **es crucial para cualquier negocio que busque destacar en el mercado actual.** En un mundo cada vez más digitalizado, es importante que las empresas cuenten con una presencia en línea sólida y efectiva que les permita llegar a su público objetivo y hacer crecer su base de clientes.

El marketing digital es una disciplina en constante evolución, por lo que es importante estar al día con las últimas tendencias y herramientas para poder desarrollar una estrategia efectiva. **Desde el uso de las redes sociales hasta el marketing por correo electrónico y la optimización de motores de búsqueda (SEO),** hay una amplia variedad de técnicas y herramientas que pueden utilizarse para lograr los objetivos de marketing de cualquier negocio.

En esta sección, **nos centraremos en los aspectos clave del desarrollo de una estrategia de marketing digital efectiva,** incluyendo la identificación de los objetivos de marketing, la definición de la audiencia objetivo y la selección de las tácticas y herramientas adecuadas para alcanzar esos objetivos. También **analizaremos algunos de los errores más comunes** que deben evitarse en el desarrollo de una estrategia de marketing digital, y proporcionaremos consejos prácticos para maximizar el éxito de cualquier campaña de marketing en línea. ¡Comencemos!

SEO y SEM

El **SEO** (Search Engine Optimization) y el **SEM** (Search Engine Marketing) son dos técnicas fundamentales en el desarrollo de una estrategia de marketing digital efectiva. Ambas técnicas tienen como objetivo mejorar la visibilidad de un sitio web en los resultados de búsqueda de los motores de búsqueda como Google, Bing, Yahoo, entre otros.

El SEO se enfoca en mejorar la visibilidad orgánica del sitio web en los resultados de búsqueda. Esto se logra a través de la optimización del contenido y la estructura del sitio, el uso de palabras clave relevantes y una adecuada estructura de enlaces internos y externos. También es importante asegurarse de que el sitio web sea accesible y fácil de navegar para los usuarios.

Por otro lado, **el SEM se enfoca en mejorar la visibilidad a través de anuncios pagados en los motores de búsqueda.** La ventaja de utilizar SEM es que los anuncios pueden aparecer de forma inmediata en los resultados de búsqueda, lo que puede generar tráfico más rápido al sitio web. Sin embargo, se debe tener cuidado al elegir las palabras clave para los anuncios y al establecer un presupuesto adecuado para la campaña publicitaria.

Uno de los errores más comunes al implementar estas técnicas es **no medir adecuadamente los resultados.** Es importante establecer objetivos claros y utilizar herramientas de análisis de datos como Google Analytics para evaluar el rendimiento del sitio web y la efectividad de la estrategia de SEO y SEM.

Existen muchas herramientas útiles para ayudar a **mejorar la estrategia de SEO y SEM.** Entre ellas, podemos mencionar:

1. **Google Analytics:** herramienta gratuita que permite analizar el rendimiento del sitio web y el comportamiento de los usuarios.

2. **Google Keyword Planner:** herramienta gratuita que permite encontrar palabras clave relevantes para el contenido y la estrategia de anuncios.

3. **Ahrefs:** herramienta de pago que ofrece análisis de palabras clave, backlinks y la exploración de la competencia.

4. **SEMrush:** herramienta de pago que ofrece análisis de palabras clave, seguimiento de la posición en los motores de búsqueda y la exploración de la competencia.

5. **Moz:** herramienta de pago que ofrece análisis de palabras clave, backlinks, auditorías de sitios y seguimiento de la posición en los motores de búsqueda.

Es importante mencionar que estas herramientas solo son útiles si se utilizan de manera adecuada y se interpretan los resultados de forma correcta. **La** combinación de SEO y SEM es fundamental para el éxito de cualquier estrategia de marketing digital, por lo que es recomendable utilizar ambas técnicas para obtener los mejores resultados posibles.

Tipos de SEM

Además de Google AdWords, **existen otras formas de SEM** que también pueden ayudarte a promocionar tu sitio web y atraer tráfico. A continuación, te presentamos algunos tipos de SEM que pueden ser útiles para tu negocio:

1. **Publicidad en redes sociales:** Las redes sociales como Facebook, Instagram y Twitter también ofrecen opciones de publicidad pagada que pueden ayudarte a llegar a tu público objetivo. Estas plataformas ofrecen herramientas de segmentación detalladas que te permiten llegar a personas específicas en función de su edad, ubicación, intereses y comportamientos en línea. Además, estas redes también ofrecen opciones de publicidad móvil que te permiten llegar a personas en sus dispositivos móviles.

2. **Publicidad en otros motores de búsqueda:** Google no es el único motor de búsqueda en el que puedes hacer publicidad. Bing Ads y Yahoo! Gemini también ofrecen opciones de publicidad en línea que pueden ayudarte a aumentar tu visibilidad y atraer tráfico a tu sitio web.

3. **Publicidad en sitios web relacionados:** Si tu negocio se enfoca en un nicho específico, puedes considerar la publicidad en sitios web relacionados. Por ejemplo, si vendes artículos de jardinería, puedes considerar la publicidad en sitios web de paisajismo o jardinería. Esto te permitirá llegar a personas que están interesadas en tu producto y pueden estar más inclinadas a realizar una compra.

Es importante tener en cuenta que cada tipo de SEM tiene sus propias ventajas y desventajas. Antes de elegir una opción, asegúrate de hacer tu investigación y determinar qué tipo de publicidad en línea será más efectiva para tu negocio. Algunas herramientas útiles para la investigación incluyen **Google Trends, SEMrush y Ahrefs.**

18

Recuerda que la clave del éxito en cualquier campaña de **SEM** es la investigación, la segmentación adecuada y la medición de los resultados. Asegúrate de seguir monitoreando y ajustando tus campañas para obtener los mejores resultados posibles.

Redes sociales

En la actualidad, **las redes sociales se han convertido en un canal fundamental para la promoción** de cualquier negocio en línea. Al utilizar correctamente estas plataformas, se pueden obtener resultados increíbles en términos de alcance, interacción y conversión.

Para comenzar, es importante identificar las redes sociales más adecuadas para el tipo de negocio que se está promoviendo. Es decir, es fundamental conocer cuáles son las plataformas donde se encuentra el público objetivo de la marca. Algunas de las redes sociales más utilizadas en la actualidad son **Facebook, Instagram, Twitter, LinkedIn, YouTube, TikTok**, entre otras.

Una vez que se han identificado las plataformas adecuadas, es importante crear perfiles atractivos y completos en cada una de ellas. **Cada red social tiene sus propias características y normas**, por lo que es importante adaptar el contenido y la estrategia en consecuencia. Por ejemplo, en Instagram, las imágenes y los vídeos son fundamentales, mientras que en Twitter, el contenido debe ser breve y conciso.

Una vez que se han creado los perfiles en las redes sociales, es fundamental mantenerlos activos y actualizados. Esto implica **publicar contenido de calidad de forma regular y responder a los comentarios y mensajes** de los seguidores de manera oportuna. Además, también es importante fomentar la interacción con la audiencia a través de concursos, sorteos, encuestas, entre otras opciones.

En cuanto a las herramientas recomendadas para la gestión de redes sociales, existen muchas opciones en el mercado. Algunas de las más populares son **Hootsuite, Buffer, Sprout Social**, entre otras. Estas herramientas permiten programar publicaciones, monitorear menciones y comentarios, analizar estadísticas y mucho más.

En resumen, las redes sociales son una herramienta fundamental en cualquier estrategia de marketing digital. Al utilizarlas de manera efectiva, se pueden obtener resultados sorprendentes en términos de alcance y conversión. **Lo importante es identificar las plataformas adecuadas, crear perfiles atractivos y mantenerlos activos y actualizados.** Además, el uso de herramientas de gestión puede simplificar significativamente el proceso de administración de redes sociales.

Efecto de los Influencers en el Marketing

El influencer marketing es una estrategia de marketing digital que **se basa en utilizar la influencia de personas conocidas y respetadas en las redes sociales para promocionar un producto o servicio.** Estos "influencers" tienen una audiencia comprometida y leal, lo que les permite llegar a un público específico y aumentar la conciencia de marca.

El influencer marketing se ha convertido en una herramienta popular en la promoción de productos y servicios en línea. **La clave del éxito es elegir el influencer adecuado** para la marca y trabajar con ellos para crear contenido auténtico y relevante que resuene con su audiencia.

El influencer marketing **puede encajar en diferentes pasos del proceso de creación de un negocio en línea.** En el paso 1, al identificar el nicho de mercado, se puede investigar qué influencers tienen una audiencia comprometida en ese nicho. En el paso 4, en la estrategia de marketing digital, se puede incluir el uso de influencers en redes sociales como Instagram, YouTube o TikTok.

Es importante tener en cuenta que el influencer marketing no es una estrategia única y aislada. Debe ser parte de una estrategia de marketing digital integral y planificada cuidadosamente. **Es necesario establecer objetivos claros y medibles,** así como evaluar cuidadosamente los resultados para determinar si la estrategia está siendo efectiva.

En resumen, **el influencer marketing puede ser una herramienta valiosa para aumentar la conciencia de marca** y llegar a una audiencia específica. Se puede incluir en diferentes etapas del proceso de creación de un negocio en línea, como la identificación del nicho de mercado o la estrategia de marketing digital. Sin embargo, es importante considerar cuidadosamente los objetivos y medir los resultados para garantizar que la estrategia sea efectiva.

La gestión de crisis en RRSS

La gestión de crisis en redes sociales es un tema cada vez más importante para las empresas y marcas que tienen presencia en línea. **Una crisis en redes sociales puede ocurrir en cualquier momento y puede ser causada por diferentes motivos,** como comentarios negativos, publicaciones inapropiadas o errores en la comunicación.

La gestión de crisis en redes sociales es un proceso que implica la identificación temprana de un problema, la evaluación de su impacto potencial y la implementación de una estrategia de respuesta adecuada. La gestión de crisis en redes sociales se basa en la **comunicación rápida y efectiva, la transparencia y la empatía.**

Existen varias etapas en la gestión de crisis en redes sociales. **La primera etapa es la identificación temprana del problema.** Es importante estar al tanto de lo que se está hablando en las redes sociales y monitorear de cerca cualquier comentario o publicación negativa.

La siguiente etapa es la evaluación del impacto potencial del problema. En esta etapa, se debe evaluar el alcance del problema y determinar si es necesario tomar medidas inmediatas para limitar el daño.

La tercera etapa es la implementación de una estrategia de respuesta adecuada. Esta estrategia debe ser rápida, efectiva y basada en la transparencia y la empatía. Es importante reconocer el problema y ofrecer una solución o respuesta clara.

La cuarta etapa es la comunicación efectiva con la audiencia. Es importante mantener a la audiencia informada sobre el problema y la solución propuesta. La comunicación debe ser transparente, honesta y clara.

Por último, es importante **aprender de la crisis y tomar medidas** para evitar que ocurra en el futuro. Esto puede incluir cambios en la estrategia de comunicación o en la forma en que se monitorean las redes sociales.

La gestión de crisis en redes sociales es un proceso complejo y puede ser abrumador para las empresas y marcas que no están preparadas. Es importante contar con un equipo dedicado a la gestión de redes sociales y tener un plan de contingencia en caso de una crisis.

Email marketing

El email marketing es **una de las estrategias de marketing digital más efectivas y directas para llegar a tu audiencia.** Consiste en enviar correos electrónicos personalizados a una lista de suscriptores con el objetivo de promocionar productos o servicios, fidelizar a los clientes existentes o mantener informada a la audiencia sobre novedades de la empresa.

Una de las ventajas del email marketing es **su gran alcance**, ya que con una sola campaña puedes llegar a un gran número de personas de forma rápida y efectiva. Además, se puede segmentar la lista de correos electrónicos en función de los intereses de los suscriptores, lo que aumenta la efectividad de la campaña.

Para que una campaña de email marketing sea efectiva, es importante tener en cuenta algunos aspectos clave. En primer lugar, **es fundamental contar con una lista de suscriptores de calidad** y que hayan dado su consentimiento para recibir correos electrónicos. También es importante crear un diseño atractivo y profesional, que refleje la imagen de la marca y sea fácil de leer en diferentes dispositivos.

Otro aspecto fundamental es **el contenido del correo electrónico.** Es importante que el mensaje sea claro y conciso, y que esté adaptado a los intereses de la audiencia. Además, se pueden incluir elementos multimedia como imágenes o videos para hacer el contenido más atractivo y dinámico.

Existen diversas herramientas que pueden ser de gran ayuda para llevar a cabo campañas de email marketing de forma efectiva. Algunas de las más populares son **Mailchimp, GetResponse, Aweber, Campaign Monitor y Constant Contact.** Estas herramientas permiten crear y gestionar listas de suscriptores, diseñar correos electrónicos atractivos y personalizados, y medir los resultados de las campañas.

En conclusión, **el email marketing es una estrategia de marketing digital muy efectiva y directa** para llegar a la audiencia de forma personalizada y directa. Siguiendo las claves mencionadas anteriormente y utilizando las herramientas adecuadas, se pueden crear campañas de email marketing exitosas que ayuden a impulsar el crecimiento de tu negocio.

Automatización de procesos

La automatización de procesos es una estrategia clave en la gestión de un negocio en línea, ya que **permite ahorrar tiempo y esfuerzo al optimizar tareas repetitivas y tediosas.** La automatización se puede aplicar a diferentes aspectos del negocio en línea, desde la gestión de correos electrónicos hasta la programación de publicaciones en redes sociales.

En este paso, se pueden **automatizar diferentes tareas de marketing,** como el envío de correos electrónicos personalizados y el seguimiento de los resultados de la estrategia de marketing.

Una de las formas más comunes de automatización en el marketing de contenidos es la creación y distribución automatizada de contenido. Con el uso de herramientas de automatización, **es posible crear y distribuir contenido en diferentes canales de forma automática,** lo que permite ahorrar tiempo y aumentar la eficiencia.

Otra forma de automatización es el **seguimiento de los resultados de la estrategia de marketing de contenidos.** Con el uso de herramientas de análisis web, es posible obtener información valiosa sobre el rendimiento del contenido y su impacto en la audiencia. Esta información se puede utilizar para ajustar y mejorar la estrategia de marketing de contenidos.

En conclusión, la automatización de procesos es una herramienta fundamental para cualquier negocio en línea que busque **aumentar su eficiencia y optimizar sus operaciones.** Se puede incluir en diferentes etapas del proceso, pero se recomienda su implementación en el paso 4 para maximizar el impacto en la estrategia de marketing de contenidos.

Paso 5: Monetización del sitio web

¡Bienvenido al Paso 5 de nuestro ebook! En esta sección, vamos a hablar de la monetización de tu sitio web, es decir, **cómo puedes generar ingresos a través de tu página**. Este paso es crucial, ya que, si bien es importante crear un sitio web atractivo y funcional, también es importante que puedas obtener ganancias a partir de él. A continuación, te mostraremos algunas de las mejores formas de monetizar tu sitio web y cómo puedes implementarlas de manera efectiva.

Existen varias formas de generar ingresos a través de tu sitio web, algunas de las más comunes incluyen la publicidad, el marketing de afiliación, la venta de productos digitales o físicos y la suscripción a contenidos exclusivos. Sin embargo, es importante tener en cuenta que no todas las formas de monetización son adecuadas para todos los tipos de sitio web, por lo que debes evaluar cuidadosamente cuál es la mejor opción para tu proyecto.

En esta sección, te enseñaremos cómo puedes implementar cada una de estas estrategias y te daremos algunos consejos para que puedas sacar el máximo provecho de ellas. Además, **te mostraremos algunas herramientas y plataformas que pueden ayudarte a optimizar tus estrategias de monetización** y a aumentar tus ganancias.

Recuerda que la monetización de tu sitio web es un proceso que requiere tiempo, dedicación y esfuerzo, pero si lo haces de manera efectiva, puedes generar ingresos significativos que pueden ayudarte a crecer y mejorar tu proyecto. Así que, ¡vamos a empezar!

Modelos de monetización

La monetización es una de las partes más importantes de cualquier sitio web, y hay varias formas de lograrlo. Aquí te presentamos **los principales modelos de monetización** que se utilizan en línea:

1. **Publicidad:** El modelo publicitario es uno de los más comunes en la monetización de sitios web. Consiste en mostrar anuncios en tu sitio web y recibir dinero cada vez que alguien hace clic en ellos o los visualiza. Hay

muchas redes publicitarias disponibles, como Google AdSense, que se encargan de conectar anunciantes con editores.

2. **Comercio electrónico:** Este modelo consiste en vender productos o servicios directamente desde tu sitio web. Puedes vender productos físicos o digitales, y puedes hacerlo a través de tu propio sitio web o a través de plataformas como Amazon.

3. **Afiliación:** El marketing de afiliación consiste en promocionar productos o servicios de otras empresas y recibir una comisión por cada venta que se realiza a través de tus enlaces de afiliado. Este modelo de monetización es muy popular en blogs y sitios de reseñas de productos.

4. **Suscripciones:** La monetización mediante suscripciones consiste en ofrecer contenido exclusivo o premium a los usuarios a cambio de una tarifa mensual o anual. Este modelo es muy común en la industria del software, donde los usuarios pagan una tarifa mensual para acceder a una versión premium del software.

Cada modelo de monetización tiene sus ventajas y desventajas, y es importante que elijas el que mejor se adapte a tu sitio web. **Si tu sitio web tiene un alto tráfico y una audiencia muy específica, la publicidad puede ser una opción rentable.** Si vendes productos o servicios, el modelo de comercio electrónico puede ser el mejor para ti. Si tu sitio web tiene una audiencia muy comprometida, el marketing de afiliación o las suscripciones pueden ser una buena opción.

En cualquier caso, es importante que tengas en cuenta que la monetización no es una ciencia exacta y que **puede tomar tiempo y esfuerzo para lograr buenos resultados.** También es importante no saturar tu sitio web con publicidad o promociones, ya que esto puede alejar a los usuarios.

En resumen, **la monetización es una parte importante del desarrollo de un sitio web exitoso y hay varios modelos a considerar.** Es importante que elijas el que mejor se adapte a tus objetivos y audiencia, y que mantengas un equilibrio adecuado entre la monetización y la calidad del contenido.

Publicidad en línea

La publicidad en línea es **una de las principales formas de monetización utilizadas** por los sitios web en la actualidad. Consiste en la exhibición de anuncios publicitarios en línea, ya sea en forma de banners, anuncios de texto o anuncios de vídeo, a cambio de una tarifa. Los anuncios pueden ser de distintos tipos, como anuncios de búsqueda, anuncios de display, anuncios de video o anuncios sociales.

El éxito de la publicidad en línea se debe en gran parte a **su capacidad para llegar a un público objetivo de forma rápida y efectiva.** A diferencia de los medios tradicionales como la televisión, la radio o los periódicos, los anuncios en línea pueden dirigirse a audiencias específicas mediante el uso de técnicas de segmentación de mercado, lo que permite a los anunciantes maximizar su retorno de inversión y lograr un mayor impacto en su público objetivo.

Sin embargo, es importante tener en cuenta que la publicidad en línea no es una solución fácil o automática para la monetización de un sitio web. **Es necesario contar con un alto tráfico de visitas para generar ingresos significativos** y elegir el tipo de anuncio adecuado para el público objetivo. Además, se requiere un diseño cuidadoso para no abrumar al usuario con demasiada publicidad, lo que podría tener un impacto negativo en la experiencia del usuario y disminuir el valor del sitio web.

En cuanto a las herramientas para llevar a cabo la publicidad en línea, existen numerosas plataformas que ofrecen servicios de publicidad en línea, como **Google Ads**, **Facebook Ads**, **Twitter Ads**, **LinkedIn Ads** y muchas otras. Cada plataforma tiene sus propias características y enfoques, por lo que es importante evaluar cuál se ajusta mejor a las necesidades y objetivos del sitio web en cuestión.

Por lo tanto, la publicidad en línea **es una estrategia de monetización atractiva y efectiva si se utiliza de manera adecuada** y se presta atención a las necesidades de los usuarios y los objetivos del sitio web. Con la elección adecuada de las herramientas y la estrategia, es posible maximizar los ingresos de la publicidad en línea y lograr un sitio web rentable y exitoso.

Comercio electrónico

El comercio electrónico se ha convertido en una de las formas más populares de comprar y vender productos y servicios. Es una opción muy conveniente tanto para los consumidores como para los vendedores, ya que **permite hacer transacciones desde cualquier lugar del mundo y a cualquier hora del día.**

El éxito del comercio electrónico depende en gran medida de la capacidad de los vendedores para crear sitios web atractivos, fáciles de usar y seguros para los compradores. Hay varios **elementos que son esenciales para la creación de un sitio web de comercio electrónico exitoso:**

1. **Diseño atractivo**: Un diseño atractivo es esencial para cualquier sitio web, pero especialmente para un sitio de comercio electrónico. Los consumidores quieren un sitio que se vea profesional, fácil de navegar y que les haga sentir confianza.

2. **Funcionalidad fácil de usar:** La funcionalidad del sitio es otro aspecto clave para el éxito del comercio electrónico. Los compradores quieren poder encontrar fácilmente los productos que buscan, comparar precios, leer reseñas y hacer transacciones de forma rápida y sencilla.

3. **Seguridad:** La seguridad es crítica en el comercio electrónico. Los compradores quieren sentir que su información personal y financiera está segura y protegida cuando compran en línea.

Además de estos elementos clave, **hay varios modelos de comercio electrónico** que los vendedores pueden considerar para monetizar sus sitios web. Algunos de los modelos más comunes incluyen:

1. **Tienda en línea:** Este es el modelo más básico de comercio electrónico, donde los vendedores simplemente ofrecen productos en línea para la venta.

2. **Dropshipping:** Este modelo implica que los vendedores no tienen que mantener un inventario de productos. En su lugar, los vendedores hacen

una venta a través de su sitio web y luego compran el producto a un mayorista que lo envía directamente al cliente.

3. **Suscripciones**: Las suscripciones son un modelo popular de comercio electrónico, donde los consumidores pagan una tarifa mensual o anual para acceder a productos o servicios exclusivos.

4. **Marketplaces**: Los marketplaces son sitios web donde varios vendedores pueden ofrecer productos y servicios en una misma plataforma. Algunos ejemplos populares incluyen Amazon y Etsy.

En cuanto a ejemplos de ecommerces de éxito, hay varios casos que pueden ser inspiradores para cualquier vendedor. **Algunos ejemplos de sitios web de comercio electrónico exitosos** incluyen:

1. **Amazon**: Amazon es uno de los mayores sitios de comercio electrónico del mundo, con una amplia variedad de productos y servicios disponibles para los consumidores.

2. **Zappos**: Zappos es un sitio web de comercio electrónico especializado en calzado y ropa. Se ha destacado por su excelente servicio al cliente y política de devoluciones sin complicaciones.

3. **Warby Parker**: Warby Parker es un sitio web de comercio electrónico que se especializa en gafas y lentes de contacto. Se ha destacado por su modelo de negocio innovador y su atención al cliente.

4. **Etsy**: Etsy es un mercado en línea que se enfoca en productos artesanales y personalizados. Ha sido un gran éxito para muchos pequeños negocios que ofrecen productos únicos y de alta calidad.

En conclusión, **el comercio electrónico puede ser una forma muy rentable de monetizar un sitio web.** Para tener éxito en el comercio electrónico, los vendedores deben asegurarse de crear un sitio web atractivo, fácil de usar y seguro para los compradores. Además, deben considerar los diferentes modelos de comercio electrónico disponibles para encontrar el que mejor se adapte a sus necesidades y a las de su público objetivo.

Al estudiar los ejemplos de Ecommerce exitosos, podemos aprender de las mejores prácticas y estrategias que han utilizado para crear sitios web atractivos y rentables. Sin embargo, es importante **recordar que cada negocio es único** y que lo que funciona para uno puede no funcionar para otro. Por lo tanto, es crucial que los vendedores prueben diferentes enfoques y adapten su estrategia según sea necesario para lograr el éxito en el comercio electrónico.

En resumen, **el comercio electrónico es una opción atractiva para los vendedores que buscan monetizar sus sitios web.** Al enfocarse en los elementos clave, modelos y ejemplos de éxito, los vendedores pueden crear un sitio web de comercio electrónico exitoso que atraiga a los consumidores y les permita generar ingresos de manera efectiva.

Paso 6: Análisis de resultados y optimización

El Paso 6 de nuestra guía se centra en **la importancia del análisis de resultados y la optimización para el éxito continuo** del sitio web y las estrategias de marketing digital. El análisis de resultados es la evaluación del desempeño de un sitio web y las campañas de marketing digital, con el objetivo de identificar qué está funcionando bien y qué áreas necesitan mejoras.

La optimización es el proceso de hacer mejoras en el sitio web y las campañas de marketing digital para mejorar su rendimiento y aumentar la tasa de conversión. Es una parte crucial del proceso de marketing digital y ayuda a asegurar que el sitio web y las estrategias de marketing sigan siendo efectivas y relevantes a medida que cambian las tendencias y las preferencias de los consumidores.

En esta sección, **discutiremos las herramientas y técnicas de análisis de resultados** que pueden ayudar a los vendedores a comprender mejor el rendimiento de su sitio web y las estrategias de marketing. También exploraremos algunas de las mejores prácticas de optimización que los vendedores pueden utilizar para mejorar la experiencia del usuario y aumentar la tasa de conversión.

En resumen, **el análisis de resultados y la optimización son elementos críticos del éxito continuo del sitio web y las estrategias de marketing digital.** Al implementar estas técnicas de manera efectiva, los vendedores pueden asegurarse de que su sitio web y las campañas de marketing sean relevantes y efectivas a largo plazo.

Herramientas de análisis web

Las herramientas de análisis web son esenciales para cualquier negocio en línea que quiera medir el éxito de su sitio web y mejorar su estrategia de marketing. Aquí te presentamos **algunas de las herramientas de análisis más importantes y populares,** las cuales ya habíamos mencionado en anteriores apartados:

1. **Google Analytics:** Es una de las herramientas de análisis web más utilizadas en todo el mundo. Google Analytics proporciona información detallada sobre el tráfico del sitio web, la audiencia y las conversiones. Con esta

herramienta, los propietarios de sitios web pueden analizar el rendimiento de su sitio web en tiempo real y ajustar su estrategia en consecuencia.

2. **SEMrush:** Esta herramienta de análisis web es especialmente útil para la investigación de palabras clave y para el análisis de la competencia. SEMrush proporciona datos detallados sobre la clasificación de palabras clave, la cantidad de tráfico y las estrategias de SEO de la competencia. También se puede usar para realizar un seguimiento del rendimiento del sitio web, identificar oportunidades de contenido y analizar las estrategias de marketing de la competencia.

3. **Hotjar:** Hotjar es una herramienta de análisis web que proporciona información detallada sobre el comportamiento de los visitantes del sitio web. Esta herramienta utiliza mapas de calor para mostrar las áreas del sitio web que reciben más atención de los visitantes, así como grabaciones de la sesión del usuario para ver exactamente cómo los usuarios interactúan con el sitio web. Esta herramienta es especialmente útil para optimizar la experiencia del usuario y mejorar la conversión.

4. **Ahrefs:** Ahrefs es una herramienta de análisis web que se centra en el análisis de backlinks. Proporciona información detallada sobre los enlaces entrantes y salientes del sitio web, así como sobre las palabras clave que se utilizan para enlazar a la página web. Ahrefs también se puede utilizar para analizar la competencia, identificar oportunidades de creación de enlaces y evaluar el rendimiento del sitio web.

5. **Crazy Egg:** Crazy Egg es otra herramienta de análisis web que se centra en el comportamiento de los visitantes del sitio web. Utiliza mapas de calor para mostrar las áreas del sitio web que reciben más atención de los visitantes y proporciona información detallada sobre cómo los visitantes interactúan con el sitio web. Crazy Egg también ofrece informes de seguimiento para medir el impacto de los cambios en el sitio web.

6. **Moz Pro:** Moz Pro es una herramienta de análisis web que se centra en el análisis de SEO. Proporciona información detallada sobre las palabras

clave, la clasificación, el rendimiento del sitio web y los errores técnicos. Moz Pro también ofrece informes detallados sobre el rendimiento de la competencia y oportunidades de contenido.

En resumen, **las herramientas de análisis web son esenciales para cualquier negocio en línea** que quiera medir el éxito de su sitio web y mejorar su estrategia de marketing. Las herramientas mencionadas anteriormente son solo algunas de las opciones disponibles en el mercado, y cada una de ellas ofrece características únicas para satisfacer las necesidades específicas de un negocio en línea. Es importante elegir la herramienta adecuada para tu negocio y utilizarla de manera efectiva para mejorar continuamente el rendimiento de tu sitio web.

Análisis de resultados

Analizar los resultados es un paso crucial en cualquier estrategia de marketing digital, ya que permite a los profesionales de marketing evaluar el éxito de sus campañas y tomar decisiones informadas sobre cómo mejorar su rendimiento en el futuro. **El análisis de resultados tiene varios objetivos:**

1. **Medir el éxito:** El primer objetivo del análisis de resultados es medir el éxito de las campañas de marketing. Esto implica evaluar si se han cumplido los objetivos establecidos para la campaña, como el aumento de la generación de leads, el incremento del tráfico web o la mejora de la tasa de conversión.

2. **Identificar fortalezas y debilidades:** El análisis de resultados también ayuda a identificar las fortalezas y debilidades de una estrategia de marketing. Por ejemplo, puede ser que una campaña haya sido efectiva para generar tráfico web, pero no haya logrado aumentar la tasa de conversión. Esto significa que la campaña necesita ajustes para mejorar su rendimiento.

3. **Aprender y mejorar:** El análisis de resultados también permite a los profesionales de marketing aprender de sus experiencias y aplicar estos conocimientos para mejorar futuras campañas. Por ejemplo, pueden

determinar qué tipos de contenido o mensajes funcionan mejor para su público objetivo y utilizarlos en futuras campañas.

4. **Justificar la inversión:** Finalmente, el análisis de resultados permite justificar la inversión en marketing digital. Los informes detallados pueden demostrar el retorno de inversión y la efectividad de las campañas, lo que es importante para asegurar la asignación de presupuesto en futuras estrategias de marketing.

En resumen, **el análisis de resultados es fundamental para el éxito de cualquier estrategia de marketing digital.** Permite a los profesionales de marketing medir el éxito de sus campañas, identificar fortalezas y debilidades, aprender y mejorar, y justificar la inversión en marketing digital.

Analítica avanzada

La analítica avanzada es una técnica cada vez más utilizada en el mundo de los negocios en línea, que **permite recopilar, procesar y analizar grandes cantidades de datos** para extraer información valiosa que puede ser utilizada para tomar decisiones importantes en el negocio.

La analítica avanzada **se basa en la utilización de herramientas y técnicas de análisis de datos,** como el aprendizaje automático y la inteligencia artificial, para poder analizar y predecir el comportamiento del usuario en el sitio web y así poder tomar decisiones informadas sobre la estrategia de negocio.

Entre **las herramientas más utilizadas en la analítica avanzada,** se encuentran las siguientes:

1. **Aprendizaje automático:** El aprendizaje automático es una técnica que permite a los sistemas informáticos aprender a partir de los datos y mejorar su rendimiento en función de la experiencia. Esta técnica es muy útil para analizar grandes cantidades de datos y encontrar patrones y relaciones entre ellos.

2. **Minería de datos:** La minería de datos es una técnica que permite analizar grandes cantidades de datos para encontrar patrones, tendencias y

34

relaciones entre ellos. Esta técnica es muy útil para el análisis de datos de negocio y puede ser utilizada para identificar oportunidades de crecimiento y mejorar la estrategia de negocio.

3. **Análisis predictivo**: El análisis predictivo es una técnica que permite predecir el comportamiento del usuario en el futuro. Esta técnica se basa en la utilización de modelos estadísticos y algoritmos de aprendizaje automático para analizar los datos y predecir el comportamiento del usuario.

4. **Visualización de datos**: La visualización de datos es una técnica que permite representar gráficamente los datos para que sean más fáciles de entender y analizar. Esta técnica es muy útil para analizar grandes cantidades de datos y encontrar patrones y relaciones entre ellos.

5. **Segmentación de clientes**: La segmentación de clientes es una técnica que permite dividir a los clientes en diferentes grupos según sus características y comportamiento. Esta técnica es muy útil para personalizar la experiencia del usuario y mejorar la estrategia de marketing.

En resumen, la analítica avanzada es una técnica cada vez más utilizada en el mundo de los negocios en línea para recopilar, procesar y analizar grandes cantidades de datos y extraer información valiosa que puede ser utilizada **para tomar decisiones importantes en el negocio**. Las herramientas y técnicas utilizadas en la analítica avanzada incluyen el aprendizaje automático, la minería de datos, el análisis predictivo, la visualización de datos y la segmentación de clientes.

Optimización continua

La optimización continua es fundamental para cualquier negocio en línea que quiera tener éxito a largo plazo. Los sitios web y las estrategias de marketing en línea deben ser evaluados y mejorados regularmente para mantenerse al día con las tendencias y las necesidades cambiantes de los consumidores. **Algunas ideas y necesidades para la optimización continua incluyen:**

1. **Actualizar y mejorar el contenido:** El contenido es una de las principales razones por las que los usuarios visitan un sitio web. Por lo tanto, es importante que el contenido sea relevante, actualizado y útil. Los sitios web deben ser actualizados regularmente con nuevo contenido y mejorado según los comentarios y sugerencias de los usuarios.

2. **Monitorear y mejorar la experiencia del usuario:** La experiencia del usuario es clave para mantener a los visitantes en el sitio web y aumentar la probabilidad de conversión. Las empresas deben realizar pruebas regulares para evaluar la usabilidad, la velocidad de carga y la facilidad de navegación del sitio web.

3. **Mejorar el rendimiento de la página:** El rendimiento de la página, incluyendo la velocidad de carga y la eficiencia del sitio web, es fundamental para la experiencia del usuario. Las herramientas de análisis pueden ayudar a identificar los cuellos de botella en la carga de la página y los problemas de rendimiento que necesitan ser mejorados.

4. **Optimizar para dispositivos móviles:** Con más personas accediendo a internet a través de sus dispositivos móviles, es crucial que los sitios web estén optimizados para su visualización en dispositivos móviles. Los sitios web deben ser responsivos y tener una experiencia de usuario móvil intuitiva.

5. **Seguir las tendencias y adaptarse a los cambios:** El mundo en línea está en constante evolución y las tendencias y las necesidades de los consumidores cambian rápidamente. Las empresas deben estar atentas a las tendencias emergentes y adaptar sus estrategias en consecuencia para mantenerse al día con las necesidades y preferencias de los consumidores.

En conclusión, la optimización continua es clave para el éxito a largo plazo de cualquier negocio en línea. Las empresas deben estar atentas a las tendencias y las necesidades cambiantes de los consumidores y realizar mejoras y actualizaciones regulares para mantenerse al día y mejorar la experiencia del usuario en su sitio web.

Importancia de la optimización para dispositivos móviles

La importancia de la Optimización para dispositivos móviles es un tema crucial en el mundo del marketing digital. En la actualidad, **la mayoría de las personas utilizan sus dispositivos móviles para acceder a internet**, por lo que la optimización de los sitios web para dispositivos móviles se ha convertido en una necesidad para cualquier empresa que quiera llegar a su audiencia.

La optimización para dispositivos móviles consiste en adaptar el diseño y la funcionalidad del sitio web para que se vea y funcione bien en pantallas pequeñas de dispositivos móviles como smartphones o tablets. Esto implica **ajustar la disposición de los elementos de la página, reducir el tamaño de las imágenes y asegurarse de que los botones sean lo suficientemente grandes** para ser presionados con facilidad en una pantalla táctil.

La optimización para dispositivos móviles es importante por varias razones. En primer lugar, si un sitio web no está optimizado para dispositivos móviles, los visitantes pueden tener dificultades para navegar y encontrar la información que necesitan. Esto puede llevar a una experiencia de usuario deficiente y, en última instancia, a la pérdida de clientes potenciales.

Además, **la optimización para dispositivos móviles es importante para el SEO** (Optimización de motores de búsqueda). Los motores de búsqueda como Google consideran la optimización para dispositivos móviles como un factor importante para determinar la clasificación de un sitio web en los resultados de búsqueda. Si un sitio web no está optimizado para dispositivos móviles, puede perder posiciones en los resultados de búsqueda y, por lo tanto, reducir su visibilidad en línea.

Por último, la optimización para dispositivos móviles es importante porque **los usuarios de dispositivos móviles tienen diferentes necesidades y comportamientos en línea.** Por ejemplo, pueden estar buscando información sobre una empresa o producto mientras se desplazan por la calle o esperan en una fila. Al adaptar el sitio web a sus necesidades, se mejora la experiencia de usuario y se aumenta la probabilidad de que se conviertan en clientes.

Conclusiones: ¿Qué has aprendido?

¡Felicidades! ¡Has llegado al final de esta guía para crear un negocio online desde cero!

En resumen, hemos cubierto los pasos fundamentales para crear un negocio online exitoso. **Hemos comenzado con la identificación de la idea de negocio y la investigación de mercado**, y luego hemos hablado de la importancia de crear una marca fuerte y atractiva.

También hemos hablado sobre cómo crear un sitio web efectivo y cómo utilizar herramientas de análisis para medir el éxito de su negocio en línea. Por último, **hemos hablado sobre la importancia de la optimización continua** para garantizar que su negocio online siga creciendo y prosperando.

Esperamos que esta guía haya sido útil para ti y que te haya proporcionado información valiosa para comenzar tu propio negocio online. Recuerda que, aunque el proceso pueda parecer abrumador al principio, **seguir estos pasos y trabajar diligentemente puede llevar a grandes resultados.**

Así que, adelante, toma esta guía como una hoja de ruta y comienza a crear tu negocio online desde cero. **¡Mucho éxito en tu emprendimiento!**

Recursos adicionales: Herramientas para emprendedores en línea

Aquí te dejo una lista de recursos adicionales para emprendedores en línea según sus objetivos principales:

Recursos para mejorar la productividad

- **Trello:** herramienta de gestión de proyectos y tareas.

- **RescueTime:** aplicación para medir y mejorar la productividad.

- **Focus@Will:** plataforma de música diseñada para mejorar la concentración.

- **Forest:** aplicación que te ayuda a concentrarte y reducir la distracción de tu teléfono.

Recursos para mejorar la creatividad

- **Canva:** herramienta para crear diseños gráficos y de marketing.

- **MindMeister:** herramienta de mapas mentales para generar ideas y organizar pensamientos.

- **Evernote:** aplicación para tomar notas y organizar ideas.

- **Grammarly:** herramienta de corrección ortográfica y gramatical.

Recursos para mejorar el marketing

- **SEMrush:** herramienta de análisis de palabras clave y SEO.

- **Hootsuite:** plataforma para la gestión de redes sociales y programación de publicaciones.

- **Mailchimp:** herramienta para la creación y envío de newsletters y campañas de email marketing.

- **Unbounce:** herramienta para la creación de páginas de destino y optimización de conversiones.

Recursos para mejorar la seguridad

- **LastPass:** gestor de contraseñas y seguridad en línea.

- **VPN:** herramienta para navegar de forma segura y privada en línea.

- **McAfee:** software de seguridad informática para proteger contra virus y malware.

- **Google Authenticator:** aplicación para la autenticación de dos factores en línea.

Recursos para mejorar la gestión financiera

- **QuickBooks:** software de contabilidad y finanzas en línea para pequeñas empresas.

- **PayPal:** plataforma de pagos en línea segura y sencilla.

- **Stripe:** plataforma de pagos en línea para empresas.

- **Transferwise:** plataforma de transferencia de dinero en línea para pagos internacionales.

Estos son solo algunos ejemplos de los recursos adicionales que pueden ayudar a mejorar diferentes aspectos de tu negocio en línea. **Hay muchas otras herramientas y plataformas disponibles en el mercado,** por lo que siempre es útil investigar y explorar nuevas opciones.

www.ingramcontent.com/pod-product-compliance
Lightning Source LLC
Chambersburg PA
CBHW070801220526
45467CB00017B/749